가방에 담아온 여행 이야기

글_썽, 이경란, 전지적 아아, 정상훈(탑훈), 황효

여행 가방 속 스물다섯 가지 사물

목차

9	여행 가방 • 여행 가방을 싸며
11	충전기 • 일해야지
13	노트북 • 계획이 필요해
15	여행책 • 허영심의 최후
18	보조 가방 • 보조 가방의 승격
20	칫솔 • 미묘한 차이, 디테일
21	보조배터리 • 다 널 생각해서 하는 얘기야
23	수영복 • 래쉬가드를 고르며
26	슬리퍼 • 적절하게 편하게
30	지도 • 거꾸로가 옳을 때가 있지
33	자물쇠 • 사랑의 자물쇠
37	양말 • 커플룩을 꿈꾸다
39	선크림 • 탐험가의 자세, 변명 그만
41	운동화 • 예민한 것은 올바른 것이다
43	손수건 • 맨발 걷기

45	모자 • 누구세요?
47	선글라스 • 까만 안경과 마음의 창
49	셀카봉 • 불신 시대가 낳은 발명품
53	전원 어댑터 • 충전이 필요해
56	신용카드 • 믿음의 허구
60	티셔츠 • 버림을 배우자
63	잠옷 • 빨간 티셔츠와 파란 티셔츠
66	우산 • 급할 때는 하나하나
69	바지 • 똥바지
70	지갑 • 기술적 소비, 잔돈 털기
72	카메라 • 다시 보고 싶은 순간을 담아
75	여행 가방 • 여행 가방을 풀며
78	작가의 말

※ 작가별 키워드 안내

글_썽 : 수영복, 양말, 운동화, 잠옷, 지도
이경란 : 바지, 보조 가방, 손수건, 자물쇠, 티셔츠
전지적 아아 : 셀카봉, 슬리퍼, 신용카드, 여행책, 우산
정상훈(탑훈) : 노트북, 선크림, 선글라스, 지갑, 칫솔
황효 : 모자, 보조배터리, 전원 어댑터, 충전기, 카메라

※ 이 책은 다섯 작가의 글이 골고루 섞여 있습니다. 페이지 하단에 글의 작가명이 표기되어 있습니다.

※ 글은 순서대로 읽으셔도 좋고, 불특정한 페이지부터 읽으셔도 괜찮습니다.

여행 가방

여행 가방을 싸며

'마지막으로 여행을 떠났던 것이 언제였을까?'

구석에 놓여 있는 여행 가방을 바라보며 생각한다. 그러다 문득 여행에서 늘 나와 함께한 존재가 있다는 사실을 느낀다.

'가방에 항상 담겨 나와 함께 여행을 떠난 물건은 무엇일까?'

'여행'이라는 말은 꼭 비행기를 타고 어디 멀리 떠나는 것만 해당하는 것이 아니다. 집 앞을 산책하는 것, 평소와 다르게 낯선 삶을 살아보는 것, 이 모든 것들은 우리에게 '여행'이라는 이유로 존재한다. 가깝건 멀건, 어디로 떠나든 '가방'을 꾸려 떠나는 사람이라면 가방 속 사물도 함께 여행을 떠난 것이다. 매번 모든 여행에 동행하는 사물과 멀리 갈 때만 담기는 사물들이 다를 수 있겠지만, 그럼에도 여행의 추억을 품고 있는 사물들을 바라보며, 어디론가 떠나고 싶을 때마다 가방을 싼다.

충전기, 노트북, 여행책, 보조 가방, 칫솔, 보조 배터리, 수영복, 슬리퍼, 지도, 자물쇠, 양말, 선크림, 운동화, 손수건, 모자, 선글라스, 셀카봉, 전원 어댑터, 신용카드, 티셔츠, 잠옷, 우산, 바지, 지갑, 카메라를 가방 속에 넣어 본다.

충전기

일해야지

　케케묵은 어제를 다시 반복하는 것에 질려버렸다. 가만히 일하다가 퇴근하길 바랐지만, 어디선가 들리는 목소리 속에서 내 이름이 거론되고 있었다. 하루만이라도 회의에 호출 가지 않길 바랐다. 당장 회의에 들어오라고 찡얼거렸다. 결국 업무 시간의 반을 소비되고 말았다. 날린 시간은 생각도 안 하고 야근과 주말 출근을 종용했다. 자리로 찾아와서 주말에 언제 나오냐고 조사하는 바람에 사무실 공기는 얼어붙었다. '못 해 먹겠네….' 볼멘소리가 여기저기서 터져 나왔다.

'띠링, 1년 전 추억 알림입니다.'
'띠링, 오늘의 특가 상품입니다.'
　배터리가 간당간당해 충전기가 필요한 휴대전

화에서 배터리가 소모되기 전 딱 맞게 눈치채고 알림을 보냈다. 몇 년 전에 그곳에서 행복했으니 다시 가보지 않겠냐는 달콤한 유혹에 1차 장벽이 무너졌다. 시간만 정하면 파라다이스로 데려가 겠다고 2차 공격이 울렸다. '그래. 가보자!' 배터리가 닳기 전 휴대전화를 충전기에 무사히 연결했다.

 읽을 수 없는 문자와 알아들을 수 없는 목소리 사이에서 해방감을 느꼈다. 비싼 음식을 먹고 쇼핑도 마음껏 하며 처음 온 동네를 자유롭게 누비었다. 천국의 시간은 속도가 조금 더 빨랐다. 눈한번 끔뻑 감았다 뜬 것 같은데 3박 4일의 시간이 사라졌다. 호텔 체크아웃 시간이 다가오는데 끈끈이가 붙은 발걸음이 안 떨어졌다. 외면하고 싶은 현실은 따끔하게 말했다. 먹고 싶은 거 먹고, 가보고 싶은 곳도 가고, 놀 만큼 놀았다고. 그러는 동안 현금을 다 썼고 카드를 사용했으니 미래의 나는 일을 해야만 한다고 말이다. 돌아가야 할 명백한 사유를 얻었다. 칭얼거림을 거두고 100% 충전이 된 휴대전화를 충전기에서 분리했다.

노트북

계획이 필요해

 계획적인 성향이라 노트북에 촘촘하게 계획을 써두어야 마음이 놓인다. 주로 목적지에서만 누릴 수 있는 독특한 경험을 위주로 여행을 계획하는데, 덕분에 숙소나 식사 계획을 소홀히 해 몸이 고생스러울 때도 많다. 그렇지만 계획대로 해냈을 때의 성취감은 이루 말할 수 없이 크다. 내게는 독특한 경험과 더불어 여행 계획의 달성이 여행의 목적이자 우선순위인 셈이다.

 생각해 보면 여행은 마치 '공학'과도 같다. 시간과 돈이 충분하다면 무엇이든 가능하겠지만, 제한된 일정과 예산으로 최대한의 재미를 뽑아내야 하기 때문이다. 여느 제품처럼 여행을 구성하는 핵심 요소도 여행의 목적(Quality), 일정

(Time), 비용(Cost)으로 봐도 무리가 없다. 그래서 더욱이 철저한 계획이 중요한 것 같다.

물론 노트북으로 아무리 훌륭하게 계획했대도 현장에서는 예상치 못한 변수가 생기기 마련이다. 하지만 이런 불확실성에 대처하는 것 역시 공학의 영역이다. 주어진 제약 조건 속에서 최적의 해결책을 찾아내고 상황에 맞게 계획을 수정해 나가는 과정 또한 공학적 사고와 맞닿아 있다.

종합해 보면 여행 계획을 설계하고, 상황에 맞게 수정하고 내 상황을 점검하는 용도로 노트북은 제격이다. 앞서 비유한 공학에 빗대면 나의 설계자료이자 도구상자인 셈이다. 현장 맞춤형 계획 수정 설계까지 가능하니 말이다.

노트북을 챙기려면 충전기와 마우스도 필요해 무게가 나가는 것은 아쉬운 일이다. 그럼에도 노트북을 챙기는 것은 합리적인 trade-off의 결과물이다. 가방이 무거워지더라도 불필요한 경비와 동선 낭비를 최소화할 수 있는 효율적인 도구이기 때문이다.

여행책

허영심의 최후

 어딘가 장기간 떠날 짐을 꾸리다 보면 항상 책은 잊지 않고 넣는다. 지적 허영심이 가득한 편이어서 다른 책을 읽는 내 모습, 그리고 그 모습을 보는 주변 사람들을 상상하면서 짐에 넣을 책을 고르는 시간이 상당히 좋다. 기쁘고 충만한 감정이 든다.

 집에 책이 꽤 많다. 지적 허영심으로 책을 소장 목적으로 엄청 사는데, 문제는 집에 책장이 부족해 책을 그래서 빈방에 차곡차곡, 무질서하게 쌓아놓고 있다. 그 방에 앉아 여행을 떠나면서 읽을 책을 고른다. 책은 항상 중요 중요한 짐을 챙긴 뒤 맨 마지막에 고른다.

한때는 그 여행지에 맞는 책을 골랐다. 진영을 갈 때는 『운명이다』를, 서촌으로 갈 때는 『하늘과 바람과 별과 시』를, 통영으로 갈 때는 『김약국의 딸들』을 챙겼다. 일종의 나만의 독서 기행인 것이다. 그러다가 어느 순간 여행지와 연결되는 책이 떠오르지 않으면 그곳을 가지 않게 되었다. 이상하게 어느 하나에 꽂히면 끝장을 보는 성격이라 더 그랬던 것 같다. 콘셉트에 잡아먹힌 인간이 되었던 것이다. 그래서 지금은 그냥 읽고 있던 가벼운 책 한두 권을 챙긴다.

책을 가방에 넣다 보면 한국인의 정 문화 때문인지 한 권만 챙기는 것이 어렵다. 그래서 오며 가며 읽을 책으로 두세 권을 함께 챙긴다. 책은 이동할 때 기차 안에서 많이 보는 편이다. 대중교통러에게 이동 시간은 휴식 시간이자 비교적 한가한 시간이 되기 때문에 이때 많이 독서를 즐기려 노력한다. 문제는 노력은 하는데 결국 잠들거나 스마트폰을 열어 본다는 것이다. 스마트폰이 세상에서 제일 재미있다. 그 재미를 이기고 러너스 하이 같은 기분을 느껴야 몰입할 수 있는 책을 즐긴다는 것은 정말 힘든 일이다. 마치 책은 가끔 찾아가는 본가에서 인생에 도움이 되지만 귀가 괴로운 이야기를 많이 하는 부모님 같다면, 스마트폰은 술 마시고 뒷담화하면서 몸과 마음에 크게 도움 되지는 않지만 도파민 팡팡 터트리는 가까운 친구 같다.

 기차를 탔다. 기차의 규칙적인 덜컹거림과 약간의 백색 소음 속에서 드디어 책에 집중하는 순간이 왔다. 오오, 드디어 책을 통해 글쓴이가 하는 말이 무엇인지 조금씩 이해되기 시작했다. 그래, 그런 말이었구…… 나…… 그래 이렇게 집……주……ㅇ…… 목적지에 도착했다. 기차의 규칙적인 흔들림과 과도한 집중력이 만든 가수면 상태에 빠져 헤어 나오지 못한 내 의지는 참으로 나약하다며 의지 탓을 해 본다.

전지적 아아

보조 가방

보조 가방의 승격

 보조 가방을 보조 가방이라 부르지 말라. 그것은 작지만 가장 필요하고 중요한 물품을 담기에 주 가방이 된다. 장기 여행을 떠날 때 캐리어에 간편한 작은 가방 하나를 넣어간다. 체류지에서 이동할 때 사용하기 위함이다. 그때부터 내가 가장 신경 쓰는 가방은 보조 가방이라 불리는 주 가방이다. 그곳에는 현금, 카드, 메모장, 물, 선크림 등 당일 필요한 물품들이 담긴다. 그리고 내 몸에 딱 붙어서 하루 종일 귀한 대접받는다.

 그 가방은 여행이 아니어도 요즘 늘 상 내 등에 붙이고 다닌다. 도서관에 책을 빌리러 갈 때도 함께 가고, 간단한 물건을 사기 위해 갈 때도 속을 비워서 등에 메고 간다. 어떤 날은 가지고 나갈 물건이 없어도 혹시, 필요한 물건을 사게 될까 봐 동행하기도 한다. 그러니 이젠 주 가방으로 승격되었다. 계속 쓰다 보니 편리하기가 그지없기 때문이다. 재질이 천으로 되어 있으니 가볍고 등 쪽 주머니와 가방 안쪽의 속주머니, 그리고 겉에 또 작은 백이 붙어있어 소소한 쓰임새가 많다. 작은 텀블러를 넣을 수 있는 양옆 주미니도 있다. 어느 것 하나 불필요한 것 없는 내게 딱 맞는 백백이다. 그런데 요즘 보니 자크에 붙어있는 조그만 손잡이의 끝부분이 모두 낡아 가죽이 닳아 있다. 일전에 이 가방을 대신할 백을 한번 찾아볼까 하고 백화점을 둘러보았던 때가 있었다. 아무리 찾아보아도 이것을 대신할 만한 백을 찾기 어려웠다. 그때도 그 친구는 내 등에 붙어서 자기의 할 일을 충실히 하고 있었는데, 살짝 미안해진다. 닳아서 낡아진 그 손잡이를 조만간 고쳐 주려고 한다. 이전에도 손잡이 고리를 수선했었는데 이렇게라도 고쳐서 계속 쓰고 싶은 가방이다. 이젠 나의 애착 백이 되었다. 그 백이 쓰임새를 다할 때까지 나와 많은 곳을 여행했으면 한다. 앞으로도 잘 지내보자.

이경란

칫솔

미묘한 차이, 디테일

　웨이팅을 감수해야 하는 찐 맛집 입장을 앞두고 꼬박꼬박 칫솔질을 했다. 미묘한 차이, 즉 디테일이 많은 것을 좌우했던 것을 경험적으로, 미각적으로 알았달까? 보다 맛을 깊게 음미하고 미묘한 차이를 알아채기 위해 미각의 상태를 백지로 만들어서 온전히 느끼려고 그랬다. 내가 백지상태여야, 투명하고 순수해야 무언가를 잘 받아들이고 작은 차이도 눈에 보이게 되는 것 같다. 그런 의미의 연장선상에서 다른 사람과 교류하거나 대화할 때, 중요한 발표나 업무를 앞두고도 꼬박꼬박 칫솔질을 한다. 입냄새도 안 날 테니 일석이조다. 여행 가방에 칫솔을 챙겨 넣으며 특이한 생각을 다 해 본다.

보조배터리

다 널 생각해서 하는 얘기야

 분명 너는 내가 필요할 거다. 가방 속 제일 안쪽 자리에 모시고, 겨드랑이 가까이에 두길 바란다. 무겁다고 캐리어에 넣어 짐짝으로 부치는 실수는 하지 말아야 한다. 나는 살찐 게 아니라 에너지를 저장해서 도톰해진 것뿐이니, 그저 데리고 다니며 운동한다고 생각하는 것이 정신건강에 좋다.

 지금 무겁다고 두고 가려는 것 같은데 호기로운 다짐은 다시 한번 생각해 보길 바란다. 네가 나 없이 다니다가 곤란했던 적을 나는 기억한다. 네 손에 들린 휴대전화와 카메라는 오랜 시간 제힘으로 버틸 수 없다. 네가 세상과 단절될까 봐 불안을 느꼈던 그때, 옆구리를 찌르며 존재감을 알

렸던 나다. 너를 위해 내 한 몸 희생하여 전자기기에게 생명을 수혈했다. 자칫 멈춰버릴 뻔한 여행을 살려준 나에게 고맙다는 말은 안 했지만 괜찮다. 다만, 나 없이 움직이는 발걸음은 십 리도 못 가서 불안해질 테니, 시간 제약 없이 두루두루 세상을 둘러보고 싶다면 날 데려가야 한다. 떠나기 전에 밥은 두둑이 먹여 줘야 한다. 먹은 만큼 도움을 줄 수 있으니 잊지 말아라.

 지금까지 협박처럼 들렸다면 미안하다. 실은 나 여행 좋아한다. 데리고 가라.

수영복

래쉬가드를 고르며

 그것은 '파도야! 나 잡아 봐라'로 시작된 놀이였다. 샌들을 벗고 모래를 밟으며 파도가 밀려오면 달아나는 정도. 하지만 어느새 나는 바다에 발목을 넣고 무릎까지 걸어 들어갔다. 남편이 외치는 소리를 듣고 정신을 차렸을 때는 이미 가슴께까지 바닷물이 차 있었다. 멕시코 캉쿤의 카리브해는 수영복을 떠올릴 만큼 한가한 곳이 아니었다. 표현할 만한 단어를 찾지 못할 정도로 아름다운 빛들이 손짓을 하는, 카리브해의 해적이 나타나면 기꺼이 따라나설 만큼 유혹적인.

 그러나 나는 수영을 못 한다. 개헤엄을 서너 번 허우적거린 후에 바닷물 아래로 발을 내려 바닥에 닿는지를 급히 확인해야 한다. 겁 없이 바닷물에 뛰어들었던 그 기분이 좋았던 모양이다. 파도가 내 몸에 닿자마자 두 갈래로 갈라지고 언제 그랬냐는 듯이 다시 만나서 모래사장으로 밀려가는 모습이 좋았다. 자동차 창문을 열어 손을 내밀면 지나가는 바람이 손안에 뭉글뭉글 잡히는 것과 흡사했다. 바닷물 속은 내 몸이지만 어떤 힘이 내게 절제를 원하는 신호를 보냈다. 쉽게 걸어갈 수 없도록 몸을 부여잡는 뭉클함이 있었다. 그 이후부터 수영복이 갖고 싶었다. 소유 그 자체가 주는 만족감은 분명히 있을 것이다. 언제든 꺼내서 입으면 바다를 즐길 수 있는 기회를 확보하는 것이므로.

첫 수영복은 샛노란 비키니였다. 초등학교 5학년이었던 나는 친구들의 원피스 수영복 사이에서 배꼽을 드러낸 비키니수영복이 부끄러웠다. 친구와 사진을 찍으면서도 몸을 외로 꼴 정도로 쑥스러웠다. 지금 옛 사진을 보면 엄마의 탁월한 선택이었음을 알지만 그땐 눈에 띄는 수영복이 싫어서 한번 밖에 입지 않았다. 두 번째 수영복은 중학교 2학년 무렵, 여름방학 때 엄마가 사주신 더 자라면 입을 수 있다며 성인용 사이즈의 수영복이었다. 파란색 꽃무늬가 가득하고 가슴 패드가 커다란 수영복은 빈약한 내 가슴을 창피하게 해서 더 이상 입을 수가 없었다. 마지막 수영복은 검은색 원피스였다. 대학 시절 바다로 놀러 갈 때 사 입었다. 너무나 우스운 일은 수영도 못하면서 왜 수영복은 그렇게 입고 싶었을까? 파티에 가면 춤은 못 춰도 근사한 드레스쯤은 갖추고 싶은 여자의 마음이었을까?

슬리퍼

적절하게 편하게

 더위에 많이 약하다. 몸에 열이 좀 있는 편이고, 다른 사람들에 비해 땀도 많아서 여름에는 앞머리가 젖어 있는 것이 기본값이다. 그럼에도 어릴 때 아무리 더워도 하지 않는 행동이 있었는데, 바로 외출할 때 반바지를 입거나 슬리퍼를 신지 않는 것이었다. 집 앞 슈퍼마켓을 갈 때도 반드시 옷을 갈아입고, 양말을 신은 뒤에 운동화를 신고 갔다. 지금 생각해 보면 왜 그랬는지 기억이 나지 않는다. 당시에 반바지 입고 돌아다니거나 슬리퍼를 신고 다니는 것은 부끄럽고, 예의에 어긋난다는 느낌이 있었다는 기억만 어렴풋이 있다. 그렇다고 해서 다른 사람들이 반바지에 슬리퍼 차림이라고 해서 불쾌하거나 예의가 없다고 생각한 적도 없는데, 내가 하기에는 금기시되는 행동이었다.

특히 슬리퍼를 신는 것은 반바지보다 좀 더 거부감이 심했다. 어릴 때 부모님은 동네에서 슬리퍼 질질 끌고 다니면서 건들건들 다니는 사람들을 보면서 뒤에서 험담을 하셨다. 저렇게 껄렁껄렁 다니는 것을 보면 평소 행실이 바르지 않을 것이라고 말이다. 슬리퍼를 신고 다니는 것이 평소의 행실을 보여준다고 할 수는 없지만, 어린 나이에 부모님 말씀을 듣고는 잘못된 이미지를 가지게 된다. '아, 슬리퍼를 밖에 신고 다니면 불량한 사람으로 보이는구나!' 그래서 15살 때 학교 실내화로 슬리퍼를 신을 때까지 슬리퍼를 외부에서 신었던 적이 없었다.

이후 성인이 되면서도 여전히 죄책감 비슷한 감정을 느꼈지만 편리하다고 슬리퍼를 신고 동네를 돌아다니기도 했는데, 드디어 자유롭게 맨발에 슬리퍼를 신게 된 계기가 지난해 광주에서 생겼다. 광주로 떠난 2박 3일 여행은, 금남로와 국립아시아문화전당 주변에서 지냈다. 강풀의 『26년』에서 눈부시게 빛나는 거리로 금남로가 표현되었는데, 문학적 수사가 아니라 정말 눈부신 거리였다. 그늘 찾기가 어려웠다. 한여름 그늘 없는 도심지를 걷고 있으니 꽤 무더웠고, 샤워하는 수준으로 땀이 났다.

 어릴 때는 이런 더위에도 꿋꿋이 긴 청바지에 운동화, 검은색 티셔츠를 입고 잘 다녔는데, 체력이 떨어진 건지, 정말 지구온난화가 심해진 건지, 참을 수 없을 정도로 뜨거웠다. 그래서 예의고 나발이고 죽지 않기 위해 맨발에 슬리퍼와 반바지를 입을 수밖에 없었다. 드라마틱하게 시원해지지는 않았지만 그래도 버틸 만하다고까지 생각이 바뀌었다. 심지어 가볍고 편해서 집으로 돌아올 때까지 반바지에 맨발 슬리퍼 차림을 유지했다. 발가락과 발등 색깔이 차이가 나게 된 발을 보면서 나는 다시 돌아갈 수 없는 강을 건넜다는 느낌을 받았다.

 그리고 부모님께서 왜 슬리퍼를 끌고 다니는 것에 혀를 끌끌 차셨는지 이해를 할 수 있었다. 몸이 조금 불편하더라도 격식을 차린다고 생각하면 행동이 조심스럽게 나오고, 그러면 말이나 행동에 실수가 줄어든다. 그런데 몸이 편해지니까 마음도 편해진다. 편안함이 게으름이나 나태

함은 아니겠지만 부모님은 지나치게 자유분방해 보이는 것을 우려했을 것이다. 그러나 쓸데없는 힘을 들이지 않고 효율적으로 내 몸과 마음을 사용할 수 있는 좋은 점이 있었다. 물론, 너무 편하게 지내서 실수하는 것을 경계해야겠지만, 어느 정도의 편안함은 삶에 좋은 영향을 주는 것 같다. 특히 쓸데없는 힘을 뺄 수 있다는 것, 긴장을 낮출 수 있다는 것은 삶의 여유를 가져다주는 것 같아서 좋았다.

지도

거꾸로가 옳을 때가 있지

 길치이자 방향치인 나는 회장님처럼 뒷좌석에 앉고 싶은 충동을 억눌러야 했다. 내비게이션이 없던 시절에 조수석에 앉는다는 것은 지도를 읽어주는 사람이라는 뜻이다. 차에서 책을 보면 곧잘 일어나는 멀미도 지도를 읽어주기 위해서는 참아야 하는 조수였다.

 "왜 지도를 거꾸로 봐?" 남편이 지적을 했다. 나는 남부지방으로 내려가는 고속도로에서 지도의 방향을 우리가 가는 도시의 방향과 맞춰야만 비로소 방향감각이 생기는 사람이다. 거꾸로 지도를 읽는 나를 이해하지 못하는 남편이 결국은 지도책을 낚아챘다.

 이젠 지도를 거꾸로 읽지 않아도 되는 내비게이션 덕분에 여행길이 편해졌다. 상냥한 내비게이선은 목적지의 방향대로 길을 보여준다. 그 옛날 지도를 보던 내 방식대로라서 운전하기도 한결 편하다. 하지만 남편은 남의 말을 귀담아듣지 않는 습관 때문에 가끔 내비게이션의 안내를 놓친다. 내비게이션의 지도를 읽는 것도 실수를 하는 편이다. 한 박자 늦게 혹은 빠르게 방향을 틀곤 한다. 지도를 못 읽는 여자가 잘못을 지적하는 일은 남편의 자존심을 긁는 것과 다름없어서 침묵으로 일관하지만 나는 속으로 생각한다. '봤지? 거꾸로 지도를 읽는 방법이 결국 승리야.'

내비게이션이 나타나면서 사람들에게 여행은 손쉬운 일이 되었다. 즐기는 인생을 추구하고, 편리해진 생활에 도움을 주는 이기는 맞다. 낯선 길을 쉽게 찾아갈 수 있어서 생활반경이 넓어졌다. 하지만 직관적으로 길을 찾는 감각은 퇴화하는 것이 아닌지 걱정이 되었다. 지도를 읽을 수 있는 능력이 지도가 보여주는 대로 가는, 수동적인 인간이 되는 것 같다. 만약에 GPS의 오류로 자동차의 내비게이션이나 휴대전화의 맵기능이 오작동을 한다면 제대로 길을 찾으면서 운전을 할 사람은 얼마나 될까?

우리는 지나치게 기계에 의존하는 경향이 있지 않나 고민해 볼 필요가 있다. 여행을 떠난다는 것은 꽉 찬 일상을 벗어나서 자유로운 시간을 갖기 위함이다. 이때만큼은 우리 몸의 방향감각을 최대한 이용하는 원시적인 순간을 즐겨도 좋을 것이다. 길을 묻는 이방인에게 친절한 미소를 지으면서 손가락을 쭉 펴서 길을 가르쳐주는 인류애를 경험해도 좋지 아니한가.

자물쇠

사랑의 자물쇠

 요즘 자물쇠를 일상에서는 자주 만나지 못한다. 디지털 시대에 스마트키가 만들어지고 심지어 손가락 지문, 얼굴이 열쇠 역할을 하고 있는 세상이다. 우리 집도 오래전에 스마트 번호 키로 바뀌었다. 아파트의 잔반 음식물을 수거하는 수거통조차 집마다 비밀번호가 있어서 정해진 비밀번호를 터치하면 각 가정에서 버리는 용량까지 알려준다. 이것뿐이랴. 온갖 잠금장치가 필요한 곳들은 디지털 세상이 키를 만들어 편리함을 과시하고 있다. 예전의 묵직하고 단단한 자물쇠는 이제 찾아보기 힘들게 되었다. 이 편리해진 세상에 그 모습 그대로의 자물쇠들이 대거 모여 있는 곳이 있다. 남산 타워다.
 서울 시티버스투어 중 남산에 갔다. 남산 오르

미를 타기 위해 줄을 서면서부터 우리의 줄 서기가 시작되었다. 돈가스를 먹기 위해, 케이블카를 타기 위해, 커피 주문을 위해 줄을 섰다. 인내가 필요한 시간들이다. 식당 앞에서 줄을 서서 기다려야 하는 시간이 길었다. 사람들은 분주히 오가며 혼란스러운 모습이고, 종업원들도 바쁘게 움직였다. 우리 차례가 되어 자리를 잡아야 할 때가 되자 거의 뛰다시피 자리로 향했다. 사람들이 많으니 공연히 경쟁적인 모습이다. 겨우 식당 한편에 자리를 잡고 앉아 주문을 서둘렀다. 왕돈가스를 먹으려고 왔지만 먹고 있는 사람들의 먹거리를 흘깃 봤다. 더 나은 먹거리를 찾고 있는 본능적인 내 모습이 보였다. 어떤 것을 먹어야 잘 먹었다고 할지 한 번쯤 생각했다. 우리는 왕돈가스와 메밀을 같이 주문해서 맛보기로 했다. 우리는 여행의 여유를 즐길 마음보다 경쟁적으로 남산을 오르기 위해 서둘렀다. 주변의 소란스러운 분위기를 뚫고 식당 한편에 앉아 주문한 것을 먹고 또 줄을 서기 위해 서둘러 케이블카 매표소로 향했다. 또 긴 줄을 서야 했다. 늘 이렇다고 한다. 케이블카를 타기 위해 줄을 선 사람들이 너무 많아 대책이 있어야 하지 않을까 하는 생각까지 하게 되었다. 몇 년 전 연수를 받으면서 와 보왔던 때와 비교하니 많은 것이 달라져 있다. 외국인도 많이 보였다. 동양인들도 중국어와 일본어를 쓰는 사람들이 많은 것을 보니 외국의 어느 도시 같은 착각을 일으켰다.

특별한 날이 아닌 것으로 보이지만 남산의 일상 자체가 특별한 날인 듯 남산타워 앞 공터에서는 전통문화 공연으로 사물놀이패가 공연을 하고 있었다. 관람하고 있는 사람들도 빼곡히 앉아서 보고 있었다. 외국인도, 한국인도 함께였다. 어깨춤을 추는 사람도 있고 고개로 장단을 맞추는 사람도 있었다. 이곳저곳은 몇몇 사람들이 모여 작은 행사들을 하고 있기도 했다. 젊은이들이 많이 보여 활기차게 보였다. 서울이 점점 젊은이들이 살기 좋은 젊은 도시가 되었으면 하는 바람을 했다.

전망대로 가는 나무 계단을 따라 올라가니 엄청나게 많은 '사랑의 자물쇠'가 눈에 확 들어왔다. 연인들의 사랑을 자물쇠로 채워 영원히 묶어 두려는 마음들이 보였다. 자물쇠 하나하나에 온갖 메시지들이 담겨있다. 누구누구 사랑, 하트로 기원하는 마음들에 얼마나 많은 염원을 담았을까 서로가 서로를 얼마나 소중히 여기는 마음으로 이곳을 다녀갔을까, 그 마음들이 느껴졌다. 우리가 이곳을 오기 위해 겪었던 줄 서기와 복잡한 장소와 시간들을 함께 하며 역경을 이겨내듯 왔을 것이다. 많은 연인들의 사랑이 변함없이 이어져서 좋은 가정을 꾸리기를, 사랑의 열매인 아이들이 많이 태어나서 우리나라 인구가 많아졌으면 하는 바람을 또 해 봤다. 내 블로그 이름은 <아해사랑>이다. 퇴직한 지 벌써 4년이 다 되어 가는 지금도 그 이름은 변함없다. 정년퇴직하기 전, 아이들 한 명 한 명이 얼마나 소중한지 충분히 알기에 마음으로나마 기도하는 마음은 변하지 않을 것이다. '사랑의 자물쇠'의 소망 모두 이루어지기를!

양말

커플룩을 꿈꾸다

 방콕 호텔의 침대에 걸터앉아 양말을 신었다. 더운 나라라도 발이 편하려면 양말은 꼭 신어야 한다. 특별한 일정이 없는 날이라서 대형 쇼핑몰에서 여유롭게 놀기로 했다. 작은 아트 숍을 지나치는데 그녀가 생각났다. 그녀는 내게 자주 양말을 선물해 줬고 덕분에 서랍장에는 상표도 뜯지 않은 새 양말이 그득하다. 발이 편해야 만사가 편하고 건강해진다는 그녀의 뜻. 그녀와 나는 수족냉증으로 동병상련의 관계다. 발목까지 시려오면 가끔은 농담 삼아 발이 따스해질 때까지 발목을 떼놨으면 좋겠다고 할 정도였다. 그녀가 좋아하는 고양이가 그려진 차 받침대 4개를 샀다. 사이좋게 나눠 가지면 정인끼리 나눠 갖는 것처럼 우정의 증표가 될 거라는 생각이 들었다.

좋아할 그녀의 웃음이 그려졌다.

그녀 덕분에 양말이 패션의 정점이라는 생각을 하게 되었다. 어색하지 않으면 괜찮다는 생각으로 단색 위주의 양말을 주로 신었다. 눈에 띄지 않는 무채색이 대부분이었다. 하지만 그녀의 양말은 패션 그 자체였다. 양말이 예쁘다는 인사는 이제 편안하게 받는다. 아무 옷이나 골라도 옷에 맞는 양말이 가득하기 때문에 고민도 없다. 양말은 그냥 신기만 하면 된다는 편견을 부수고 골라 신는 재미를 즐기고 있다. 죽어가던 내 패션 감각에 심폐소생술을 해준 그녀다.

반면, 남편의 양말은 목이 늘어나고 발뒤꿈치를 꿰맨 것투성이다. 양말의 목적은 발을 보호하는 것 이상의 의미가 없는 남편을 설득하여 형형색색으로 신겨 함께 여행길을 떠나보고 싶다. 커플 양말을 신고 발걸음 가볍게 비행기 트랩에 올라서는 상상을 한다.

선크림

탐험가의 자세, 변명 그만

 나는 '탐험하는 사람(Explorer)'으로 인생을 살아가고 싶다. 탐험이라는 단어가 유난하게도 끌리기 때문이다. 결과물보다 과정에 중점을 두는 느낌이 든다. 뭔가 탐험가라고 하면 이상한 길도 굳이 가보고, 숨겨진 보물과 이야기가 어디 없나 찾아다녀도 허송세월하는 것 같지 않아 보여서 자기 합리화도 돼 좋다. '탐험가'라고 하면 괜히 선크림을 챙겨 다니거나 곱상한 느낌과는 거리가 멀게 느껴진다. 오히려 까맣게 그을린 피부로 나침반과 지도를 들고 여러 역경을 헤쳐 나가는 과학자의 모습이 연상되며 동경하게 된다. 그래서 선크림을 잘 안 발라왔다. 내가 선크림 바르는 걸 싫어하는 이유에 대한 구차한 변명이다.

정상훈(탑훈)

현실적으로는, 요즘엔 기미와 주근깨가 많이 생겨서 걱정이 되니, 선크림의 필요성을 절실하게 느끼고 있다. 그럼에도 선크림 앞에서 '굳이 발라야 할까? 오늘은 햇빛이 약한 거 같은데? 별로 안 탈 것 같은데?' 같은 생각이 덮친다. 딱 러닝하면서 힘든 순간에 느끼는 유혹이다. '뛰다가 멈출까? 조금만 쉬었다가 다시 뛸까?' 같은 생각들 말이다. 그냥 바르면 되는데, 그냥 뛰면 되는데 굳이 별것도 아닌 일에 나와의 싸움 중이다.

진짜 강한 사람은 다른 사람과 싸워서 이기는 것이 아니라, 나와의 싸움에서 승률이 높은 사람이라고 생각한다. 강하고 멋진 탐험가로 살고 싶은데, 고작 선크림 앞에서 질 수 없다. 나와의 싸움에서 이길 방법은 간단하다. '변명 그만하기', '그냥 바르기'!

정상훈(탑훈)

운동화

예민한 것은 올바른 것이다

 내 몸은 갱년기인데 내 발은 사춘기다. 아무거나 신지 않는다. 중3 이후로 전혀 변하지 않은 발은 똑같은 신호를 보낸다. '운동화만 신으란 말이야!' 아무거나 신으면 되는 줄 알고 아무거나 신으면 또 튕긴다. 하루 만에 발가락에 물집을 만들고 발뒤꿈치를 벗긴다. ㅇㅇ밴드 회사로부터 감사장을 받아야 할 정도다. 중요한 모임에 나갈 때 구두를 신어야 하는데 내 발은 사춘기를 내세운다. '고생해 봐야 알겠어?'라며 채찍을 내민다. 나도 우아한 여인이고 싶은 내 마음을 아는지 모르는지.

 여행을 준비할 때 내 발은 온화한 성인 같다. '그래, 지금까지 했던 것처럼 운동화만 신으렴.' 더운 나라에 가서 샌들을 신고 싶지만 땀이 차면

금방 물집이 잡히고 끈적임에 발등이 쓸린다. '운동화를 신는 것이 옳았지?' 발은 편안한 미소를 짓는다. 예민한 발 덕분에 운동화가 좋은 나는 여행을 다니면서 많이 걸어도 고생 없이 다닐 수 있다.

예민하다는 말을 듣는 것에 대해 불편해하는 사람들이 대부분이다. 까칠한 성격과는 대척점에 있는 말이 아닌가 한다. 사람들의 반응을 부정적으로 느끼는 까칠함과는 달리 예민하다는 것은 세심하고 섬세한 감각을 가져서 남들이 미처 느끼지 못하는 것을 알아채는 능력이다. 예민한 감각은 타인의 감정이나 표정, 기분을 알아채기도 한다. 공감 능력이 뛰어난 사람은 대부분 예민하다.

내 발은 예민하다. 갱년기와 사춘기를 오고 가지만 내 몸의 안락함을 위해서 발은 모든 감각을 내세워서 불편함을 찾아내 준다. 그리고 피하라고 알려 준다. 얼마나 감사한 발인지. 덕분에 여행은 늘 겁 없이 떠날 수 있다.

손수건

맨발 걷기

 맨발 걷기를 즐기는 요즘, 가지고 다니는 것이 있다. 손수건이다. 얇은 손수건 몇 장을 가지고 가면 언제 어디서든 맨발 걷기를 한 후 간단히 발을 닦고 신발을 신으면 된다. 겨울 바다 해운대 해수욕장을 만난 어느 날, 바닷가 모래가 너무 고와 그냥 있을 수 없었다. 무조건 맨발로 걸었다. 손수건이나 수건, 아무것도 준비 못 한 날이었으니 일행에게 권유할 수도 없었다. 혼자 걷고 벗은 양말을 손수건처럼 사용해서 모래를 털어낸 후 양말과 신발을 신을 수 있었다. 이후 손수건 몇 장은 내 가방의 필수품이 되었다. 친구들과 1박 2일 모임에서 문경새재를 걸었다. 걷기 좋은 곳으로 부드러운 모래가 맨발 걷기를 유혹하고 있었다. 신발을 보관할 신발장과 발 닦을 곳까지 마련되어 있다. 무조건 신발을 벗고 맨발 걷기를 시작할 요량이었다. 내 배낭엔 언제나 손수건이 있다. 작은 손수건이지만 여러 장. 그것을 꺼내어 보여주며 친구들에게 맨발 걷기 홍보맨이 되었다. 파상풍이 우려된다는 한 친구만 불참, 모두가 함께하는 맨발 걷기 동호회가 되었다. 내가 나누어 준 손수건이 빛을 발했다. 발을 닦는 우리의 얼굴엔 밝은 미소가 흘렀다. 하하 호호. 우리 모두 건강하게 잘 살아나가자. 이번 여행은 맨발 걷기를 함께 하는 건강 여행이 되었다.

모자

누구세요?

 명화 속 여인들은 챙이 넓은 모자를 쓰고 있었다. 여리여리한 원피스까지 맞춰 입고 유럽의 소도시를 거닐며, 현실에 남아 있는 명화 세계를 체험하고 싶었다. 어느 여름날, 고흐의 〈별이 빛나는 밤〉이 그려진 장소를 찾아갔다. 파스텔 빛 하늘에 올려진 뭉게구름의 느린 움직임은 살아 있는 그림 속 풍경이었다.

 간간이 스치는 바람에 흔들리는 모자를 한 손으로 잡고 카메라를 들어 사진을 찍었다. 하늘과 구름, 반짝이는 들판, 거리에 길게 늘어진 내 그림자를 한 컷에 담았다. 여행의 목적을 달성한 낮의 아름다움을 들고, 뾰족한 어깨가 되어 숙소에 돌아왔다.

땀에 쩔은 옷을 벗고 소금기를 닦아 내다가 거무튀튀한 면상을 마주했다. '누구세요!' 모자 아래에서 제일 먼저 해를 맞은 코는 숯 검댕이가 되었다. 선크림에 모자까지 쓰고 하루 동안 해를 잘 피해 다녔는데 속이 쓰렸다. 중간중간 선크림을 덧발랐으니 태양으로부터 보호하는 임무에 소홀한 건 모자가 틀림없었다. 가오리처럼 나풀거릴 땐 예뻤던 넓은 모자챙이 원망스러웠다. 억울해하는 모자를 바라보며, 우윳빛은 아니어도 뽀얀 피부를 고수하고 싶었다고 뒤늦은 후회를 속삭였다.

 다음 날부터 두건을 얼굴에 감싸 모자의 부족한 점을 채웠다. 마지막까지 모자의 부족한 점을 채워가며 쓰고 다녔는데, 공항에 도착하고 보니 삐친 모자가 가출했다.

선글라스

까만 안경과 마음의 창

 혹시라도 깨질까 봐 선글라스는 여행 가방 외부의 작은 공간에 주로 넣는다. 예전에는 라섹 수술을 받기 전까지 눈 건강에 크게 신경을 쓰지 않았었는데, 이후로는 눈이 가장 먼저 지치게 되는 것 같아 꼭 챙겨 다닌다. 선글라스를 끼면 자외선은 차단되는 대신, 세상이 어둡게 보여 뭐랄까 금방 졸린다. 또 하나 웃긴 것은, 내가 졸면 주변 사람들도 마찬가지로 다 졸린 것 같아 보인다. 작은 흠집이나 먼지 하나 있어도 괴로워 안 닦고는 못 배기겠다.

 눈부셔서 잠깐 선글라스 하나 꼈더니 햇빛은 가려주는데 이것저것 신경 쓰이는 게 많다. 세상은 똑같은데 그것을 받아들이는 내가 달라졌다. 내가 좋으려고 써놓고 불편하다니…. 새삼 세상을 바라보는 마음의 창, 프레임의 중요성을 깨닫는다. 특장점을 '프레임'이라고 말할 수 있는 행복한 사람이 되고 싶다.

셀카봉

불신 시대가 낳은 발명품

 버스커 버스커가 1집 마무리라는 신기한 이름을 가진 앨범을 내고 다시 차트를 점령하고 있을 때쯤, 나는 전주 한옥마을을 꽤 자주 방문했다. 슬로시티라는 수식어가 잘 어울리는 동네에서 산책을 즐겼는데, 한옥마을 입구에서 출발해 마을을 크게 한 바퀴 돌고 골목 구석구석을 걸었다. 그리고 집에 가고 싶은 마음이 들 때쯤 꼭 오목대에 올랐다. 이렇게 한 바퀴 돌면 복잡한 마음도 정리가 되고, 차분해지면서 세상이 나에게 준 상처를 조금은 치유하는 느낌이 들었다. 특히, 오목대에서 바라본 한옥마을의 여름 전경이 정말 아름다웠는데, 진한 초록색 사이로 보이는 낮은 건물과 지붕에 올라간 기와는 잘 어울리는 한 폭의 그림을 보는 것 같았다. 여름에 땀이 많아서 바깥 활동을 정말 하지 않는 나조차도 땀을 흘리며 한옥마을을 한 바퀴 돌고, 오목대에서 모기를 쫓는 그 느낌이 정말 좋았다.

오목대에서 내려와서 시외버스터미널로 가기 위해 마을을 빠져나오다 보면 마을 입구에서 세 갈래 선택지 앞에서 고민에 빠진다. 몸도 끈적한데, 빨리 집으로 가서 씻고 쉴 것인가? 경기전에 들려서 마지막의 마지막이라는 심정으로 조금 더 걷다 갈 것인가? 전동성당에 들러서 오늘 회복한 마음의 상처가 더 잘 아물 수 있도록 마음을 좀 더 차분하게 가라앉히고 갈 것인가? 대체로 나의 선택은 전동성당 쪽이었고, 그날도 어김없이 〈그댈 마주하는 건 너무 힘들어〉를 들으며 전동성당으로 향했다.

그런데 그날따라 전동성당 앞에서 꽤 생경한 풍경을 보게 되었다. 사람들이 요상하게 생긴 막대기에 자신의 스마트폰을 달고 이리저리, 빙글빙글 돌면서 까르르 웃고 있는 것이 아닌가. 많은 사람들이 한복을 입고 그러고 있는 모습은 꽤 신선한 충격을 주었다. 요상하게 생긴 막대기를 우리는 셀카봉이라고 부르고 있다는 것을 나중에

전지적 아아

알게 되었다.

셀카봉의 존재를 전동성당 앞에서 보고 집으로 오는 버스 안에서 간신히 차분해진 머릿속이 다시 복잡해졌다. 처음에는 사람은 유명한 장소에 가면 그곳에 갔다는 증거를 남기고 싶어 하는데, 그 본능이 꽤 신기한 발명품을 만들었다는 생각이 들었다. 인간은 도구를 정교하게 만들고 여러 용도로 잘 사용하기 때문에 만물의 영장이 되었다고 한다. 그리고 만물의 영장이 된 지금은 자신의 욕망을 편하게 실현하기 위해서 도구를 만들고 있다고 생각했다. 과거에 있었던 일을 여러 가지 방법으로 기록에 남기는 것을 역사라 했을 때, 셀카봉은 자신의 역사를 남기고 싶어 하는 인류의 욕망이 잘 묻어나는 희대의 발명품인 것이다.

좋은 발명품이라는 것에서 생각이 멈추었으면 머리가 복잡하지 않았을 것이다. 동시에 또 다른 생각도 들었는데, 좀 슬픈 자화상 같다는 생각이었다. 다른 사람에게 사진 한 번 찍어달라고 부탁하기 힘들 정도로 낯가림이 심한, 나 같은 사람에게는 혼자 사진 찍기 좋은 물건 같지만, 다르게 생각해 보면 셀카봉은 내 폰을 다른 사람의 손에 맡기기 어렵다는 것을 방증하는 물건인 것 같았다. 내 폰을 맡겼을 때 가지고 도망가 버리면 어쩌지 하는 걱정을 상징하는 것 같았다. 마침 해외에서 사진 찍어주겠다고 하고 스마트폰을 가지고 도망간다는 뉴스가 나올 때이기도 했다.

 버스에서 내려 집에 도착할 때쯤 나는 불신 시대에 한 발짝 더 가까워진 것 같아서 슬펐다.

전원 어댑터

충전이 필요해

최근에 일본의 소도시로 여행을 갔다. 차가 다니는 방향이 반대, 사람들이 걸어 다니는 방향도 반대, 방향이 다른 것부터 새로 익히며 여행에 빠져들었다. 반대 방향에 적응하며 동네 골목을 걸어 다녔다.

라멘집에 어른 아이 할 것 없이 줄을 길게 서 있었다. 블로그에 맛집으로 소개된 내용이 없었다. 지도에 표시된 음식점 평점은 높았고, 리뷰는 별로 없었다. 먹어보고 맛있으면 첫 번째 리뷰어가 되는 것도 좋을 것 같았다. 회전률이 빠른 라멘집은 금방 내 순서가 다가왔고 기본 메뉴로 스페셜 표시가 붙은 라멘을 주문했다. 주방장은 보글보글 끓고 있는 냄비에 면을 체에 넣어 몇 번 퐁

당거렸다. 하얀 그릇에 동그랗게 익은 면을 올리고 육수를 붓고 토핑을 얹었다. 아삭한 숙주가 뜨거운 육수를 만나 부드러워졌다. 아삭함과 부드러움, 미디엄 웰던의 익힘을 젓가락으로 집어 얼른 입속에 넣었다. 숙주의 빈자리를 넓게 차지한 면발이 자기 차례임을 직감했다. 젓가락으로 면을 길게 들어 올려 입으로 가져갔다. 미끄럽게 호로록 빨려 들어가는 매끈함이 재밌었다. 반으로 쪼개어 올라간 반숙 계란은 개나리처럼 노오란 속내로 유혹했다. '한 입만 잡숴 봐, 응?' 짭조름한 양념을 입은 계란 토핑은 쫀득하게 밋밋한 면발의 식감을 살려주었다.

  식당을 나와 어둑해진 거리를 감상했다. 가로등의 불빛이 하나둘 들어오며 온 동네 사람들이 집으로 돌아갔다. 도시 사이에 흐르는 강둑을 따라 호텔로 천천히 발걸음을 옮겼다. 무거워진 엉덩이를 어디에든 내려놓고 대자로 눕고 싶었다. 강변 끝에 위치한 호텔을 가려면 2층으로 올라가야 했다. 계단 옆에 보이는 에스컬레이터에 올라 편하게 옮겨지고 싶었다. 오른쪽 방향의 에스컬레이터에 들어섰다. 사이렌이 울리고 난리가 났다. 누가 볼세라 얼른 왼쪽으로 방향을 바꿔 몸을 낮췄다. 에스컬레이터에서 멀어졌어도 경고

음이 3분은 더 울렸다. 고요한 도시를 단 한 걸음으로 다 깨웠다. 호되게 '왼쪽 우선' 방향에 적응했다.

  호텔 속 캡슐에 들어와 멍하게 있다가 배터리를 소진한 전자기기를 전원 어댑터에 꽂았다. 카메라와 보조배터리, 휴대전화가 한국에서 가져온 USB 단자와 C타입 단자로부터 케이블을 타고 일본의 전기로 충전되고 있었다. 시간이 지났어도 귓속에 윙윙거리는 사이렌의 잡음이 남아 있었다. 한국의 220볼트보다 일본의 110볼트는 느리게 충전되어 온몸으로 여유를 느껴야 했다. 충전되는 동안 남아 있는 단자에 사람용 케이블을 꽂아 손에 쥐고 탈탈 털린 정신도 충전하고 싶었다. 이왕이면 빠르게 충전되는 한국의 220볼트로 말이다.

신용카드

믿음의 허구

 신기한 세상이 되었다. 세계 어디를 가도 명함 크기의 플라스틱 하나만, 아니지, 디지털 기호가 된 신용카드 정보만 있어도 여행을 다니면서 필요한 물건이나 서비스를 구입할 수 있다. 내가 결제를 할 수 있다는 신용만 확인되면 정말 내 신용 안에서 무한으로 즐길 수 있는 시대가 된 것이다. 다른 사람을 믿지 못하는 불신 시대에 그나마 다른 사람을 믿고 산다는 작은 증거가 가장 비인간적이라고 생각하기 쉬운 자본주의의 최첨단 기술에 등장한 것은 꽤 아이러니한 일이다. 그래도 카드사의 보증과 그걸 믿는 사람들 덕분에 나는 오늘도 편하게 거리를 돌아다닐 수 있다.

 신용카드를 사용하기 쉬운 낯선 대도시에서는

물건을 놓고 온 것을 걱정하지 않아도 된다. 잠자리도 빈방만 있다면 걱정하지 않아도 된다. 여행을 하면서 스트레스받을 일이 정말 적어지는 것이다. 꽤 덤벙대는 성격이라서 여행 짐을 꾸리다가도 몇 번을 풀어서 짐을 잘 챙겼는지 확인을 하는 편이다. 그런데 떠나기 전에 시간적 여유가 부족해서 짐을 급하게 챙기면 반드시 중요한 무언가를 놓고 온다. 칫솔과 휴대전화 충전기, 일정에 비해 부족한 속옷과 양말 같은 것 말이다. 특히 서울이나 부산에 자주 갈 일이 있는데, 꼭 이런 곳에 가면 물건을 빼먹는 일이 많다. 오히려 서울이나 부산에 가기 때문에 떠나기 전에 짐을 한 번 더 확인할까 하다가도, '에이, 없으면 가서 사면 되지. 신용카드 있잖아.'라는 생각을 하게 된다. 하지만 카드를 사용하지 못하는 곳에 가거나 사용하지 못하는 상황을 맞닥뜨리면 나의 초라함을 몇 배로 체감한다.

한 번은 런던에 갈 때였다. 처음 비행기로 해외를 나가다 보니까 수하물에 대한 지식이 전혀 없었다. 평소 국내 돌아다니듯이 일주일 지낼 수 있는 짐을 꾸리고 인천공항으로 향했다. 아침에 늦잠을 자서 비행기를 놓칠 뻔한 작은 소란이 있었지만, 택시 기사님의 훌륭한 운전과 새벽 적절한 기차 배차 간격 덕분에 비행기에 탈 수 있게 되었다. 처음 해외 나가는 길이라 엄청 걱정을 하면서 출국 수속을 밟고 있었는데, 내 수하물에 이상이 있다고 부르는 것이었다. 갔더니 면도 크림을 넣은 통이 비행기 수하물에 실을 수 없는 용량이었다. 하는 수 없이 공항에 그대로 버리고 비행기를 탔다.

 런던에 도착해서 이곳저곳을 돌아다니다가 마트에 갈 일이 있었다. 마침 며칠이 지난 후라 얼굴에 수염이 덥수룩하게 자랐고, 나는 면도가 너무 하고 싶다는 충동을 느꼈다. 평소라면 그런 생각을 별로 하지 않는다. 오히려 피부가 예민해서 자주 면도하면 턱이 아파서 잘 안 하는 편인데, 이상하게 면도가 하고 싶어졌다. 문제는 면도 크림을 공항에 버리고 왔다는 것. 그냥 비누나 폼 클렌징으로 거품을 내서 할 수도 있었겠지만, 이상하게 너무 면도 크림을 쓰고 싶었다. 그리고 한 번 마음먹은 것은 일단 해야 직성이 풀리는 편이라서 결국 마트에서 면도 크림을 집어 들었다. 계산을 하려는데, 신용카드를 꺼내서 점원에게 건네주었는데, 이런. 결제가 안 되는 것이

58 전지적 아아

다. 아뿔싸. 숙소에 현금이 들어 있는 지갑을 놓고 왔다. 국내에서 카드 지갑만 들고 다니는데, 하필 이날 아침에 정신없이 숙소를 나오면서 무의식적으로 현금이 들어 있는 지갑을 놓고 카드만 챙겨나온 것이다. 처음에 당황해서 원 모어를 외치며 애처롭게, 거의 싹싹 빌 듯이 이야기를 했는데, 거듭 결제 실패가 떴다. 세 번째 결제 실패를 했을 때 카드 만들던 때가 떠올랐다. 이 신용카드를 생애 첫 월급을 받으면서 만들었는데, 그때는 해외 나갈 일이 없을 것이고, 오히려 해외 결제 때문에 보이스 피싱 같은 문제가 생길까 봐 해외 결제를 막아놓은 것이었다. 휴대전화 로밍만 생각하고 정작 신용카드는 신경 쓰지 못한 것이다.

정말 초라했다. 낯선 곳에서 현금도 없고, 카드도 안 되는 조그마한 동양인일 뿐이라는 생각에 자괴감이 밀려왔다. 결국 숙소에 와서 폼 클렌징 거품으로 면도를 했다. 어찌나 따갑고 쓰라린지. 턱이 아픈 건지, 속이 아픈 건지 알 수가 없었다.

티셔츠

버림을 배우자

  몇 년 전 추석 연휴를 이용한 여행에서 얻게 된 소중한 티셔츠가 하나 있다. 아들이 유학 간 학교를 방문하였을 때, 며느리가 사 준 여행지에서의 선물이다. 큰아들 내외가 가서 있는 동안 작은 아들 내외와 함께 어렵게 날짜를 맞추어 갈 수 있게 되었으니 세상 부러울 게 없었다. 미국 동부 필라델피아, 뉴욕, 워싱턴을 방문했는데 이 세 곳이 차례대로 미국의 수도가 되었다고 하니, 마치 내가 세상의 중심에 서 있는 듯 느껴지기도 했다. 대학을 방문하여 학교를 돌아보며 곳곳에서 사진을 찍고 돌아다녔다. 우연히 아들의 외국인 친구를 만나자 부모님이라고 소개를 해 줄 땐 얼마나 뿌듯했는지 그 시간을 떠올리면 미소가 절로 나온다. 우리에겐 추석 연휴였지만, 미국은

평일이었다. 수업이 있는 아들이 강의실로 들어가자 내 눈은 열린 문틈으로 끝까지 아들을 따라가고 있었다. 강의실에 앉아 있는 아들을 볼 수 있는 그 시간을 붙들어 매어 두고 싶었다. 그 추억은 늘 내 얼굴에 미소를 가져다준다. 그곳 기념품 매장에서 사 준 티셔츠이니 나에게는 소중하다. 그 옷을 늘 입고 싶지만 요즘은 아껴 입는다. 점점 낡아가고 있는 것이 보이기 때문이다. 옷을 자주 바꾸어 입고 멀쩡한 옷도 잘 버리는 사람들이 많으니 그들의 눈에는 낡아서 버려야 할 옷으로 생각될지 모르겠다. 나에게는 버릴 수 없는 옷이다. 정년퇴직까지 했고 주변의 짐들을 정리해야 할 나이가 된 때이며, 더더욱 버림의 미학이 필요한 때인데 왜 이리 잘 버리지 못하는지…. 버림을 배우자. 아들이 결혼한 지 벌써 8년이 되었다. 이젠 슬픈 현실이지만 아들에 대한 미련도 버려야 한다. 아이들도 태어나고 자기들의 삶이 바쁘기도 할 것이다. 연락도 잘하지 않는다. 손녀를 봐달라고 할 때만 연락을 한다. 뭐가 바쁜지, 자기 필요할 때만 연락할까 싶다가도 이젠 소리 없이 잘 지내면 되지 뭐, 내 마음은 왔다 갔다 한다. 섭섭한 마음이 슬금슬금 올라온다. 나의 몸도 영원히 내 것이 아닌데 아들이 결혼하여 자기 가족을 건사하며 잘 지내면 되었지 무엇을 또 바라는 것인가! 그 티셔츠를 입고 그 시간 속으로 찾아가 스스로 위안을 해 본다. 글을 쓰는 지금, 방송에서 50이 넘은 방송인 아들이 80 넘은 엄마와 모처럼 시장을 돌아다니며 "엄마, 엄마"하는 소리가 더 크게 들린다. 그 미련도 버려야겠다.

잠옷

빨간 티셔츠와 파란 티셔츠

 외국영화를 너무 많이 봤었나 보다. 어른이 되면 드레스와 같은 잠옷을 입고 잠자리에 들 거라는 상상을 했다. 결혼할 때 마련한 분홍색 잠옷은 잠시 잠깐의 콧바람만 쐰 후 서랍장에서 오랫동안 잠만 자다가 먼 길을 보냈다. 자고 나면 둘둘 말려서 가슴께로 올라가 있기 일쑤였다. 허리에서 뭉쳐 잠을 설쳐야 하는 때도 있었다. 잠자는 숲속의 공주가 되어 반듯하게 잠을 자지 않는 한 롱 원피스 잠옷은 천덕꾸러기와 다름없었다.
 아이를 낳고 나서는 잠옷은커녕 낮 동안 입었던 옷을 그대로 입은 채 죽은 듯이 잠이 들곤 했다. 계절별 잠옷이 웬 말인가 싶을 만큼 무덤덤해졌다. 아이들의 키가 자라면서 작아졌지만 멀쩡한 티셔츠를 버리기 아까웠다. 절대로 나는 자식의 옷을 물려 입는 후줄근한 여자는 되지 말아야겠다는 결심은 쓸모없었다. 두 아들의 낡은 티셔츠는 내 잠옷으로 변신되어 밤이면 아들의 품 안에서 잠이 드는 것 같은 착각을 할 정도다.

여행을 하면 호텔 침구류의 촉감을 좋아하지 않아서 잠자리가 항상 불편하게 느껴진다. 차갑고 바삭거리고 날 선 느낌의 호텔 이불 속으로 몸을 넣으면 날카로운 얼음장을 덮고 자야 하는 겨울 시냇가의 물고기가 된다. 이럴 때 아들의 티셔츠를 잠옷으로 입고 누우면 얼음장은 봄 시냇물이 된다. 아들의 티셔츠로부터 체온이 전해지는 것 같은, 그런 느낌이 든다는 것이다. 아들의 옷에서 아직도 베이비파우더 향이 나는 것은 이유를 도통 모르겠지만 낯선 이부자리 속에서도 행복하게 잠이 든다.

내가 고등학생 때 입었던 빨간색 티셔츠를 엄마는 구멍이 송송 뚫릴 때까지 입으셨다. 그만 입고 버리라는 내 재촉에도 아랑곳하지 않고 '편해서 좋다'는 말씀과 함께 '이번만 입고 버릴게'를 매번 말씀하셨다. 아들이 그만 입고 버리라는 티셔츠를 굳이 입는 내 마음은 그때의 엄마 마음과 같으리라. 나도 구멍이 숭숭 뚫릴 때까지 입을 것 같다. 자식과 관련된 것은 함부로 버릴 수 없는 것이 엄마의 마음이 아닌가 싶다. 심지어 형편없는 성적표마저 봉투에 담아서 비밀문서로 보관하고 싶을 만큼.

 갑자기 아야진 해변으로 가고 싶어진다. 아들의 파란 티셔츠를 둘둘 말아 가방에 넣고서.

우산

급할 때는 하나하나

"에헤이, 조졌네 이거."
라는 소리가 절로 입에서 튀어나왔다. 낭패였다. 오랜만에 지인을 만날 약속이 잡혀서 서울에 왔는데 갑자기 비가 세차게 내렸다. 분명 출발할 때 확인한 일기예보에서는 흐리기만 할 뿐 비 예보는 없었는데, 기차가 서울역에 들어오자마자 열차 창에 빗방울이 맺히기 시작했다. 우산을 사야겠다는 생각에 서울역 안에 있는 편의점을 돌아다녔는데, 이상하게 우산이 눈에 띄지 않았다. 비가 갑자기 와서 우산을 편의점에 갖다 놓지 못했는지, 역사 안 매장이 좁아서 일부러 갖다 놓지 않았는지 잘 모르겠지만, 결국 서울역에서는 우산을 구하지 못했다. 급히 지도 앱을 켜서 주변 편의점을 검색했지만, 가장 가까운 편의점도 도로를 건너야 갈 수 있어서 비를 쫄딱 맞을 수밖에 없었다.

 하는 수 없이 원래 가려고 했던 안암으로 가기 전에 광화문 교보문고에 들르기로 마음먹었다. 어차피 우산을 사야 하는데, 약속 시간도 남았는데, 교보문고에서 책 보면서 시간도 보낼 겸, 지하철역에서 내려서 교보문고까지 가다 보이는 편의점에서 우산을 살 생각이었다. 지하철 내리고도 편의점까지 거리가 꽤 있었다. 지도로는 가까워 보였지만, 내 독도법이 문제가 있었다. 다른 사람들은 다 대한민국에서 비를 우산으로 막고 있는데, 나 혼자 영국 런던 한복판에 있는 사람처럼 비를 맞고 다녔다. 천신만고 끝에 편의점에 도착해서 우산을 사서 교보문고로 향했다.

 우산을 살 때마다 그 가게에 있는 우산 중 가장 큰 우산을 산다. 여행 중에는 작은 우산이 실용적인 것을 아는데도 불구하고 우산은 자꾸 장우산, 가장 큰 우산을 고른다. 우산을 써도 바지랑 신발은 어쩔 수 없이 젖는 경우가 많은데, 그것이 병적으로 싫다. 다른 사람보다도 성질이 조금 급해서 걸음도 빠르고, 보폭도 조금 넓은 편이다.

전지적 아아

우산이 작으면 옷이며 신발이 더 빨리 젖는 느낌이다. 그러면 더 빨리 기분이 안 좋아지고, 하루가 힘들어지는 느낌이다. 그래서 우산은 최대한 큰 것으로 고르는 편이다. 교보문고 인근 편의점에서도 마찬가지였다.

 우산을 산 후 교보문고로 향하는 길. 갑자기 배가 고파졌다. 걱정거리 하나 해결하니까 이제는 식욕이 스윽 올라온다. 물에 빠져 죽을 것을 건져냈더니 봇짐 내놓으라고 이야기를 왜 하는지 어렴풋이 알 수 있었다. 급한 문제는 더 큰 문제를 가리기 때문이다. 어쩌면 모든 일이 다 그렇지 않을까. 배가 고픈 것은 우산이 없어 비 맞을 걱정으로 가리고, 하고 싶은 것은 해야 할 것으로 가린다. 내 불행은 나보다 더 불행한 다른 사람의 고민으로 가리고, 내 행복도 다른 사람의 더 큰 행복으로 가려 버린다.

 다행히 나는 급한 문제인 우산을 빨리 살 수 있어서 약속 시간 전에 더 큰 문제인 허기를 달랠 수 있었다. 앞으로 이렇게 급한 문제를 비교적 손쉽고 빠르게 해결해서 더 큰 문제를 직면할 수 있는 인생이었으면 좋겠다.

바지

똥바지

태국 여행에서 산 똥바지가 가끔 눈에 들어온다. 세 자매가 태국 파타야 여행을 할 때 사지 않으면 태국 여행이 수포로 돌아갈 것처럼, 코끼리 그림 똥바지를 사지 않으면 안 될 것 같은 기분이었다. 너도나도 모두 사서 입은 것처럼 보였기 때문이다. 우리 자매는 기필코 그것을 사기 위해 분주히 돌아다녔다. 결국 원하는 바지를 찾았고, 득템이라고 생각했다. 그리고 그것으로 끝. 여행이 끝나자 그 바지는 장롱 속에 그대로 모셔져 있다. 심지어 입지도 않았다. 이런!!!

지갑

기술적 소비, 잔돈 털기

 현금의 존재감이 점점 희미해지면서, 스마트폰이 주요 결제 수단이 돼버렸다. 그러다 보니, 예전에 큰마음 먹고 산 몇 개의 명품 지갑에 먼지가 쌓였다. 명품 지갑이니까 10년은 쓸 거니까 괜찮다고 생각하며 정신 승리를 했었는데, 세상이 이렇게 빠르게 변할 줄 몰랐다. 그 돈으로 '삼성전자 주식이나 살 걸' 생각이 들어 아깝다. 그래도 오랜만에 서랍 깊숙이 넣어둔 지갑을 꺼내게 되는 때가 있다. 바로 해외여행을 갈 때다. 해외에서는 현금을 꼭 써야 할 경우가 있다 보니 특히 동전을 따로 보관할 수 있는 지갑을 꺼내 챙긴다.

 우리나라에서는 동전을 들고 다니기 귀찮아서, 대개 기부함에 넣어버리곤 했지만 해외에서는 동전 하나하나가 소중하다. 동전 하나하나에 녹아있을 환전 수수료를 생각하면 더 없이 그 가치가 소중해져 꼼꼼하게 모으는데, 막상 필요한 때 사용하기에 애매하고 들고 다니기 무거운 것이 동전으로, 지갑을 챙겨 다니면서도 은근 골칫거리다. 그렇다고 매번 결제할 때마다 남의 나라에까지 기부할 수는 없으니, '귀찮다 귀찮다' 하면서라도 차곡차곡 모으다 보면, 여행 마지막 날 즈음에는 꽤 돈이 모인다. 동전은 혹시 남아 은행에 가져가도 환전도 잘 안 해주니 여행 마지막 일정 즈음해서는 '잔돈 털기' 미션이 추가로 생성된다.

평소에는 관심 없던 길거리의 자판기나 작은 기념품에도 관심을 갖게 되고 저렴한 길거리 음식을 사 먹으며 그 순간을 즐기는 것도 또 다른 여행의 묘미다. 계산대 앞에서 주섬주섬 동전을 꺼내어 세면서 점원의 눈치를 봤던 기억도 추억이다. 돌이켜 생각해 보니 큰돈을 쓰는 것보다 한 푼 한 푼 아꼈던 그 순간 자체가 즐겁고 행복했다. 여행하면서 작고 쓸모없어 보였던 것에서 큰 가치를 발견하는 법을 많이 배웠다. 이건 정신 승리가 아니라, 세월이 지나도 바뀌지 않을 내 재산일 것이다.

카메라

다시 보고 싶은 순간을 담아

 커튼 사이로 쏟아지는 햇살이 눈을 간지럽혀 베개 속으로 숨었다. 그래봤자 발가락은 다 보인다고 박장대소하는 새들 때문에 결국 자리에서 일어났다. 잠이 덜 깬 채로 창가에 앉았다. 구마모토의 오전은 이미 하루를 시작한 사람들로 거리가 채워져 있었다. 꽃 꾸러미에서 종류별로 분리하는 꽃집, 노릇하게 와플을 구워내는 1평 남짓의 카페, 학교로 직장으로 자리를 찾아가는 발걸음으로 지구가 천천히 돌아가는 듯했다. 여행을 오기 전에 저들처럼 살았는데, 어딜 가나 분주한 아침 풍경이 반가웠다. 다시 돌아가도 잊고 싶지 않은 이 순간을 간직하고 싶었다. 잠들어 있는 카메라와 보조배터리를 에코백에 넣으며 속삭였다. '출동이다!'

언덕 위에서 미끄러지듯 내려오는 트램을 탔다. 드문드문 앉아 있는 사람들 틈에 앉아 있으니 현지인이 된 것 같았다. 자연스러운 척 앉아 있지만 차창 밖으로 지나는 영화 속 장면을 보느라 두 눈동자가 바쁘게 움직였다. 광장에 다다르자 오래된 성의 머리 꼭대기가 살짝 보였다. 우아한 자태에 홀려 따라가다 보니 어느새 성으로 오르는 길목에 다다랐다.

 연초록 사이에 솟아난 성은 가까이 갈수록 모습이 웅장했다. 간혹 보이는 먹구름 사이 햇살은 짙은 분위기의 모습을 연출했다. 푸르름 사이의 성과 먹구름 사이의 성을 렌즈에 담았다. 바람으로 구름이 사라질까 봐, 지나가는 행인으로 찰나의 순간을 놓칠까 봐 연신 셔터를 눌러댔다. 카메라의 무게도 잊은 채 찍어대는 동안 배터리가 떨어졌다. 잠시 충전할 겸 성곽 주변의 휴식 공간을 찾았다.

 전통 가옥 모습의 찻집은 삼삼오오 모여 앉아 담소를 이어가는 사람들이 있었다. 어떤 메뉴를 시켜야 하나 목을 길게 빼고 다른 사람들의 테이블을 구경했다. 녹차보다 아이스크림을 더 좋아할 아이가 테라스 옆에서 비둘기와 놀고 있었다.

황효

금발의 푸른 눈을 가진 아이는 동화 속 공주님이 현실에 놀러 나온 듯했다. 한창 공주님 드레스에 빠질 나이겠지만, 내 눈에는 공주님이 입은 원피스와 머리띠로 보였다. 푸드덕, 우리 사이를 가로막았던 비둘기가 날아올랐다. 햇살 조명이 한 명의 주인공에게 모이고 그녀의 금발이 빛났다. 소녀는 나와 눈이 마주치자 수줍게 웃으며 작은 손을 흔들었다. 할 수 있다면 너의 팬이 되고 싶다고, 인사해 줘서 고맙다고 말하고 싶을 정도로 그 미소에 홀딱 반했다. 인사가 끝나면 사라질 것 같은 그녀의 모습을 얼른 렌즈에 담았다. 지금, 이 순간, 다시 못 볼 아이의 미소와 햇살에 비친 원피스 색감을 찍어야 했다. 배터리 잔량, 구도, 조명 등 카메라의 사정은 떠오르지 않았다. 다행히 셔터를 누른 순간 뽀얀 손을 흔드는 소녀의 맑은 미소가 카메라에 담겼다.

 우연히 만난 운명의 순간, 손에 카메라가 들려 있었던 것은 실로 행운이었다. 힘이 되는 장면을 담아내는 카메라는 여행에 있어 제일 먼저 챙기는 여행의 동반자이다.

여행 가방

여행 가방을 풀며

길건 짧건 어디론가 다녀온 후, 보금자리로 돌아오면 가장 먼저 여행 가방을 내려놓는다. 가방을 열어 그 안에 담긴 물건들을 꺼내며, 여행의 추억을 되새긴다.

배터리가 소모될 때마다 똑똑하게 자기 역할을 했던 충전기와 전원 어댑터, 자료를 조사하고 여행 계획을 짜고 심심할 때 친구가 된 노트북, 전기가 없어도 어디서나 친구처럼 손에 들려 있던 여행책, 가볍게 산책할 때 필요했던 보조 가방, 아침과 저녁 가장 필요했던 칫솔, 온종일 외부에 있다 보면 꼭 필요한 보조 배터리, 거의 쓸 일이 없을 때도 많지만 요긴하게 쓸 일이 많은 수영복, 내 발을 편하게 해준 슬리퍼와 운동화, 내가 머문

곳을 알고 싶을 때 들여다본 지도, 내 몸에 밀착했던 양말, 모자, 선글라스, 티셔츠와 바지, 꼭 챙겨야만 마음이 편한 신용카드와 지갑, 여행의 즐거움을 만들어 준 카메라와 셀카봉, 필요한 순간이 꼭 있는 손수건과 우산.

 물건을 하나씩 꺼내며, 여행에서 담아온 추억들도 하나씩 꺼낸다. 떠날 때는 의미 없이 넣었던 사물들이었음에도 돌아오면 하나하나 새로운 의미를 담는 것이 매번 신기하다. 여행이 끝나면 다시 또 한동안은 볼 일이 없는 존재들도 많겠지만, 그 추억은 다음 여행을 떠날 때 다시 가방을 싸며 새록새록 떠오를 것이다. 그리고 꼭 필요하다며 가방 안 깊숙하게 담기겠지.

 여행 가방을 풀며,
 다녀온 여행의 추억도 풀며,
 새로운 여행을 향한 일상을 시작한다.

작가의 말

작가의 말 · 글_썽

 거기가 어디든 가족이 없으면 내가 머물고 싶지 않은 곳이었다. 수학여행이나 수련회라든가 MT를 가는 일, 여행을 가는 것 등은 나를 불안하게 했다. 언제나 발이 닿지 않는 기분으로 집을 떠났다. 하지만 가만히 돌이켜보면 불안은 보이지 않고 풍성한 이야기와 따스한 만남과 한층 격앙되어 부푼 내 감정이 남아 있음을 깨닫는다. 길을 떠나야 비로소 인생을 느낀다. 저곳에서 바라보는 이곳은 얼마나 안온한지를 안다. 그곳에서 이곳의 나는 얼마나 괜찮은 사람인지도 본다. 과거로 여행을 떠나든 미래로 여행을 꿈꾸든 자리에서 일어나 발끝을 내딛는 사람만이 자신의 그림자 크기를 볼 수 있다. 걸음의 폭이 어느 정도일 때 안녕을 느끼는지도 잴 수 있다. 심장이 뛰는 속도가 어느 정도일 때 행복한지도 알 수 있다. 과감히 발걸음을 떼는 순간, 비로소 우리는 하늘의 높이도, 바람의 세기도, 시선의 방향도 잡을 수 있다. 낯선 곳으로 나를 보내는 일은 나 홀로 우뚝 서는 나무로 태어나는 것과 다름없다.

글_썽 blog.naver.com/inyhunymom

작가의 말 • 이경란

 여행은 추억을 만드는 연인도 있고, 가족이 함께하는 여행, 나만의 여행으로도 잊지 못할 추억을 만들 수 있다. 나의 여행은 대부분 가족, 친구가 중심이다. 추억을 만드는 일도 함께여야 행복한 듯 혼자의 여행은 생각하지 못했다. 혼자도 당당히 여행하는 친구들을 보면 부럽다. 여행지에서도 누군가를 생각하는 나를 보게 된다. 또 누구에게 줄 선물을 생각한다. 이젠 오로지 나에게 집중하는 여행을 하고 싶다.
 여행지에선 미니멀 라이프를 꿈꾼다. 해외여행을 하다 보면 큰 가방 하나이면 족하다. 자동차 여행을 할 때 짐을 꽉 채우지 않고 다녀도 충분히 지낼 수 있다. 반면, 집이라는 곳에서 생활하게 되면 온갖 것을 지니고 있다. 불필요하다고 하면서도 버리지 못한다. 여행은 최소로 필요한 것이 어떤 것인지 일깨워준다. 어쩌면 여행은 영원히 떠나기 위한 연습인지도 모르겠다. 아니, 마지막 여행은 아무것도 필요없다. 여행을 하며 삶을 익히고 깨닫는 그 시간, 나는 무엇을 얻고 있었나.

작가의 말 · 전지적 아아

쉬는 날도 집에서 뒹굴뒹굴하는 것을 좋아해서 여행은 특별하다. 특별한 일을 적다 보면 호들갑을 떨 때가 많아진다. 내가 간 곳이 정말 좋고, 최고고, 거기에서 한 경험이 엄청나다고 이야기를 하게 된다. 그런데 나는 여행이 일상이었으면 좋겠다. 그냥 동네 국밥집에 가서 맛있는 국밥에 소주 한 잔 반주하는, 직장에 출근하는데 기다리던 사람의 편지를 받는, 일상에서 느낄 수 있는 작지만 자주 올 수 있는 행복한 일 같았으면 좋겠다. 그래서 특별한 일을 일상적인 것처럼 적으려고 노력을 많이 했다. 특별한 것이 일상이 되면 저의 일상은 얼마나 특별한 느낌이 될까. 앞으로 떠나는 여행도 유난 떨지 않고, 가볍게 몸을 움직이고 싶다. 그러면 제 무거운 일상도 언젠가 가벼워지지 않을까.

작가의 말 • 정상훈(탑훈)

 이 수필에서는 여행 가방에 챙겨 넣는 물품들이 어떻게 나의 일상과 연결되고, 나의 정체성을 구성해 가는지를 담았다. 매번 챙기는 익숙하고 작은 물건 하나하나에 나의 라이프스타일과 여행 스타일, 취향이 고스란히 담겨 있다. 단순한 준비물이 아니라, 마치 내가 누구인지를 보여주는 작은 조각들 같다. 이 조각들이 모여 인생이라는 캔버스에 색을 더할 것이라 믿으며, 오늘도 새로운 조각을 수집해 보려 한다.

작가의 말 · 황효

 쉼표가 필요할 때 손안에 지도를 펼쳐 여러 도시를 살펴본다. 훑어보는 것만으로 갈증이 해소되지만, 마음이 요동칠 때면 비행기 노선 탐색까지 해야 직성이 풀린다.

 어느새 항공권을 구매하고 영혼은 두둥실, 그 나라에 먼저 도착한다. 콧구멍에 들어오는 찐득한 열기에 여행 온 것이 실감 난다. 뙤약볕 아래 진열된 생선들, 과일 바구니를 머리에 얹고 걸어가는 상인들, 오토바이 타고 등교하는 학생들. 같은 하루를 살아가는 다른 나라의 일상을 카메라에 담는다. 메모리 카드에 새로운 일상을 채우다 보면 현실 복귀를 알리는 알람이 울린다. 꿈만 같던 여행 속 시간은 어찌나 빠른지, 손가락 사이로 스르륵 흘러 버렸다. 그저 카메라에 담긴 기억만이 사실을 증명해 줄 뿐이다.

 여행 가방 이야기를 꾸미며, 다시 보고 싶은 날을 꺼내 보았다. 배터리 없이 조마조마했던 순간, 잃어버린 모자 등 추억이 떠올랐다. 가방 속 소품이 되어 사건을 추억하는 동안 지난 여행이 다른 장르로 다가왔다.

황효 instagram @hwan_hy0

여행 가방 속 스물다섯 가지 사물

가방에 담아온 여행 이야기

가방에 담아온 여행 이야기

1판 1쇄 발행 | 2024년 9월 20일

지은이 | 글_썽, 이경란, 전지적 아아, 정상훈(탑훈), 황효

편집.디자인 | 새벽감성
발행인 | 김지선
펴낸 곳 | 새벽감성, 새벽감성1집

출판등록 | 2016년 12월 23일 제2016-000098호
주소 | 서울 양천구 월정로50길 16-8, 1층 새벽감성1집
이메일 | dawnsense@naver.com
블로그 | blog.naver.com/dawnsense
인스타그램 | @dawnsense_1.zip

*책값은 표지에 있습니다.
*잘못된 책은 구입처에서 교환해 드립니다.
*이 책의 사진과 글의 전부 또는 일부를 발췌하거나 인용하려면
반드시 새벽감성 출판사의 동의를 얻어야 합니다.